ALMANAQUE
pé de planta

© ROSANE PAMPLONA, 2013

COORDENAÇÃO EDITORIAL: Lisabeth Bansi
ASSISTÊNCIA EDITORIAL: Paula Coelho, Patrícia Capano Sanchez
PREPARAÇÃO DE TEXTO: Andreia Pereira
COORDENAÇÃO DE EDIÇÃO DE ARTE: Camila Fiorenza
PROJETO GRÁFICO E DIAGRAMAÇÃO: Caio Cardoso
ILUSTRAÇÕES: Andreia Vieira, Caio Cardoso, Thiago Cruz
PESQUISA ICONOGRÁFICA: Mariana Veloso Lima, Vanessa Volk
TRATAMENTO DE IMAGEM: Rosinha Bastos
COORDENAÇÃO DE REVISÃO: Elaine Cristina del Nero
REVISÃO: Lilian Semenichin
COORDENAÇÃO DE *BUREAU*: Américo Jesus
PRÉ-IMPRESSÃO: Helio P. de Souza Filho, Marcio Hideyuki Kamoto
COORDENAÇÃO DE PRODUÇÃO INDUSTRIAL: Wilson Aparecido Troque
IMPRESSÃO E ACABAMENTO: PlenaPrint
LOTE: 291062

Dados Internacionais de Catalogação na Publicação (CIP)
(Câmara Brasileira do Livro, SP, Brasil)

Pamplona, Rosane
 Almanaque pé de planta / Rosane Pamplona. --
1. ed. -- São Paulo : Moderna, 2013.

 ISBN: 978-85-16-08475-2

 1. Almanaques 2. Literatura infantojuvenil
I. Título.

12-14606　　　　　　　　　CDD-030.83

Índice para catálogo sistemático:
1. Almanaques para crianças 030.83

REPRODUÇÃO PROIBIDA. ART. 184 DO CÓDIGO PENAL E LEI Nº 9.610, DE 19 DE FEVEREIRO DE 1998

Todos os direitos reservados
EDITORA MODERNA LTDA.
Rua Padre Adelino, 758 – Belenzinho
São Paulo – SP – Brasil – CEP 03303-904
Vendas e Atendimento: Tel. (011) 2790-1300
www.modernaliteratura.com.br
2020

Impresso no Brasil

Rosane Pamplona

ALMANAQUE pé de planta

Ilustrações de
Andreia Vieira, Caio Cardoso e Thiago Cruz

1ª edição
São Paulo, 2013

SUMÁRIO

pé de café — página 0

pé de milho — página 20

pé de banana — página 30

pé de mandioca — página 40

pé de guaraná — página 50

À minha amiga Dina, com quem converso como se estivesse num oásis.

ALMANAQUE, UMA CAIXINHA DE SURPRESAS

Almanaques são livros muito antigos. Os romanos já consultavam livrinhos do tipo almanaque para saber o movimento dos astros e assim tomar suas decisões.

Os almanaques mais antigos de que se tem conhecimento traziam muitas informações práticas ou religiosas. Em geral, neles estava registrado o calendário do ano, com as fases da Lua, os eclipses, o movimento das marés, os dias sagrados, as previsões astrológicas. Não é à toa que os almanaques de origem portuguesa – que chegaram primeiro ao Brasil – se chamavam *lunários*.

A palavra *almanaque* ainda tem a origem discutida. Alguns estudiosos afirmam que *al-manakh*, em árabe, significaria "a conta", pois os textos ali presentes remetiam à contagem dos dias, semanas etc.

Com o passar do tempo, os almanaques foram se diversificando: não traziam apenas previsões do tempo ou dos signos zodiacais, mas previsões sobre a política e o comércio, e inúmeras historietas e anedotas, que, aliás, também se "contam".

Assim, outra hipótese para a origem da palavra *almanaque* se justifica: a de que *al-manakh* significaria o lugar onde o camelo se ajoelha. Mas o que o camelo tem a ver com um livro? Acontece que os povos árabes viajavam em caravanas, montados em animais. De vez em quando paravam para descansar, principalmente se estavam num deserto e avistavam um oásis. Enquanto se refrescavam, os viajantes que ali se encontravam contavam suas novidades, trocavam informações, discutiam sobre o clima, enfim, naquele momento acontecia uma colcha de retalhos de conversas variadas. E isso é um almanaque, uma caixinha de surpresas: pode trazer poemas, anedotas, curiosidades, histórias, informações das mais diversas. Como se estivéssemos num oásis, a conversar com os amigos.

pé de café

café moído

frutos do café

café quente

Este mês é de agosto,
é mês de *apanhá* café.
O meu amor está tão perto,
mas ninguém sabe quem é.

João, meu Joãozinho,
ramo de café maduro,
ande lá por onde andares,
nosso amor está seguro.

Menina dos olhos pretos,
sobrancelha de retrós,
põe a chaleira no fogo
pra fazer café pra nós!

Parece história, parece,
mas fantasia não é:
a vaca branca dá leite,
e a preta é que dá café.

pé de café

Principais lavouras de café no Brasil

Hora da história

ETA, CAFEZINHO...

Contam as mais antigas lendas que o rei Salomão, além de sábio e generoso, conhecia poderosos sortilégios. Um dia, foi procurado por um miserável mendigo, de quem pacientemente ouviu todos os infortúnios e injustiças que sofrera. Terminada sua lamentação, o mendigo pediu-lhe, pelos céus, que o ajudasse. O poderoso rei perguntou-lhe:

— Se eu o tornasse rico, o que faria por mim se um dia fosse eu a necessitar de sua ajuda?

— Ó Majestade entre as majestades! É claro que eu faria tudo para retribuir sua generosidade — assegurou o homem.

— Sendo assim — declarou Salomão —, eu vou torná-lo mais rico do que imaginou. E, para selar nosso acordo, vamos tomar uma xícara de café.

Assim dizendo, o rei bateu palmas e imediatamente uma serva entrou com uma bandeja e serviu ao mendigo um fumegante café. Feliz, o homem sorveu a bebida, aos pequenos goles. Mas logo sentiu que a sala onde estava parecia girar. Sua cabeça pesava, seu corpo amolecia e finalmente ele desmaiou.

Quando acordou, viu-se, como por artes mágicas, deitado num luxuoso leito coberto de almofadas. O homem esfregou os olhos, contuso. Que milagre seria aquele? Mas nem pôde pensar muito: logo entraram dois escravos, que o vestiram com as mais finas roupas que ele pudesse imaginar. Na sala, um banquete o esperava e assim o ex-mendigo ficou sabendo que se tornara o governador de uma rica cidade! Sua vida transformou-se por completo. Agora, tinha o dinheiro que quisesse e podia fazer o que bem entendesse. Que felicidade!

Muitos meses se passaram. Um dia, chegou a seus ouvidos a notícia de que o rei Salomão havia sido banido por um inimigo. Oras, era uma pena, mas o que lhe importava? Agora era rico, poderoso, não precisava mais de sua proteção.

Certa tarde, quando ele passeava por seus bem cuidados jardins, chegou ao seu portão um pedinte esfarrapado. O rico homem quis expulsá-lo dali, mas o mendigo lhe disse:

— Não me reconhece? Sou o rei Salomão. Preciso de sua ajuda, pois não tenho nem mais onde dormir.

— Minha ajuda? — escarneceu o ricaço. Meu compromisso era com um rei, não com um pobretão.

— Ah, é? Pois fique sabendo que eu sou e sempre serei um rei! — exclamou Salomão, batendo palmas.

Imediatamente o homem sentiu que tudo girava, sua cabeça pesava e seu corpo amolecia. Desmaiou. E quando acordou, viu a serva, aquela mesma do palácio de Salomão, que pegava de suas mãos a xícara de café.

Tudo não passara de um truque de magia, uma espécie de sonho que revelou ao rei a natureza do caráter do mendigo. Vestido nos mesmos andrajos com que chegara, o miserável saiu do palácio. Que arrependimento ter tomado aquele cafezinho...

(Conto da tradição oral dos povos árabes)

ORIGENS

Sobre o rei Salomão contam-se muitas lendas. Verdadeira ou não, a história que acabamos de ler revela-nos, além da sabedoria do famoso rei, o quanto é antigo o hábito de tomar café. Também sobre a origem do café, muitas lendas são contadas. A mais difundida vem da Etiópia, no norte da África.

Contam que, há muitos séculos, na cidade de Kaffa, um pastor, Kaldi, percebeu que as cabras de seu rebanho ficavam muito agitadas ao comer as frutinhas vermelhas de um arbusto desconhecido. Intrigado, ele experimentou os frutinhos maduros, que são bem doces, e percebeu que o deixavam sem sono e mais disposto para o trabalho. Talvez depois tenha feito experiências, consumindo os grãos ou preparando bebidas com eles. Parece que foi bem mais tarde, na Arábia, que alguém teve a ideia de preparar o café com água quente.

Outras versões da lenda contam que o pastor achou que as frutinhas tinham um poder mágico e as levou aos sacerdotes de um mosteiro. Os monges, com medo do poder daqueles grãos, atiraram-nos no fogo, dizendo ser obra do demônio. Mas dos grãos torrados nas brasas saiu um perfume tão agradável, que eles mudaram de ideia e passaram a adotar o café nas suas vigílias, quando precisavam ficar acordados, rezando.

Lendas à parte, sabe-se que o café é originário da Etiópia e dali foi se espalhando, primeiro pela Arábia, sendo plantado sobretudo na região onde hoje é o Iêmen, principalmente nas redondezas da cidade de Al-Mukha (de onde vem a palavra moka). Entre os árabes a bebida virou um sucesso tão grande, que proibiram que a planta saísse do país; não queriam dividir o seu tesouro, que chamavam de *kawa*, variante do nome da cidade do pastor, Kaffa (e daí vem a palavra café). Teria sido somente no século XVII que os mercadores de Veneza conseguiram contrabandear alguns pés de café para a Itália, de onde se espalharam pela Europa e em seguida para as Américas Central e do Sul.

No Brasil, o café chegou em 1727. O governador do Pará, interessado no seu grande valor comercial, enviou uma missão à Guiana Francesa, que produzia café para a França, onde a bebida já era conhecida há algum tempo. Parece que o comandante da missão teve que seduzir a esposa do governador da Guiana para ganhar de presente algumas mudinhas e sementes da preciosa planta, que foram transportadas clandestinamente para o Brasil. Assim teve origem uma das maiores riquezas do país, que chegou a ser chamada de ouro-verde.

A princípio, foi cultivado no norte do país, mas a produção só cresceu depois que migrou para o Rio de Janeiro e chegou a São Paulo. No final do século XIX, nosso clima e terras férteis transformaram o Brasil no maior produtor mundial de café.

A região Sudeste é que inicialmente dominou a cultura do café, mas atualmente planta-se muito café em 14 estados brasileiros, notadamente em São Paulo, Paraná, Minas Gerais, Espírito Santo, Bahia e Rondônia.

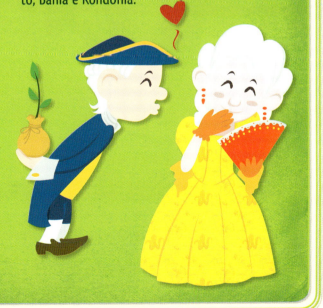

O pé de café

O pé de café, o cafeeiro, é um arbusto que dificilmente ultrapassa os quatro metros de altura (depende da variedade; há alguns que não chegam a dois metros).

Suas folhas são verde-escuras, e as flores, bem branquinhas e cheirosas, juntam-se num buquê ao longo dos ramos.

Depois da florada, crescem os grãozinhos, inicialmente verdes, que vão ficando vermelhos ou amarelos, conforme a variedade (as que predominam no Brasil são a *Arábica* e a *Robusta*).

Os grãozinhos, quando vermelhos, são chamados de "cerejas". Essas cerejas é que são colhidas ainda muitas vezes manualmente, deslizando a mão pelos finos galhos, até elas se soltarem (o que se chama *derriçar*).

As cerejas são postas para secar até ficarem escuras, depois passam por um *beneficiamento* (quando se retiram a casca preta e a película que envolve os grãos) e finalmente são torradas (é a *torrefação*) e moídas para se fazer a bebida.

14 Almanaque pé de planta

Assim contam

HUM...
QUE CHEIRINHO DE CAFÉ...

Ia um viajante pelas estradas da Pérsia, quando viu, ao longe, uma caravana de comerciantes, que descansava à sombra de umas árvores. O viajante, cansado, decidiu passar a noite ali por perto. Já ia se acomodando com sua trouxinha, quando sentiu um delicioso aroma: hum!... cheirinho de café, de cafezinho coado na hora... O viajante não resistiu e seguiu seu olfato. Era um comerciante, Hassan, que se afastara dos demais e preparava um café, certamente para bebê-lo sozinho.

O viajante cumprimentou-o e sentou ali a seu lado. Hassan retribuiu o cumprimento, mas não ofereceu o café. O viajante puxou conversa e elogiou:

— Ah, que perfume maravilhoso tem o seu café...

O comerciante agradeceu o elogio, mas nada de oferecer a bebida.

Por três vezes o viajante exaltou o perfume do café, esperando ser convidado, mas não adiantou. Quando o Hassan terminou, o outro se levantou, pronto a ir embora.

— Espere um pouco! — disse o comerciante. O senhor não me pagou o café!

— Como assim? — retorquiu o outro. — Eu nem o bebi...

— Não o bebeu, mas aproveitou o seu aroma. Foi o que me disse. Elogiou-o três vezes, portanto agora me deve três moedas.

O viajante achou aquela cobrança um absurdo, mas o comerciante não desistia. E começaram uma discussão. Atraído pelos brados, o líder da caravana foi ver o que se passava. Ouviu os argumentos dos dois querelantes, refletiu um pouco e afinal ponderou:

— Se Hassan diz que deve ser pago pelo cheiro do café, ele deve ser pago.

O viajante ficou branco, já prevendo uma injustiça. Mas o líder continuou:

— Ponha três moedas neste saquinho e sacuda-o bem perto do ouvido de Hassan.

O viajante assim fez. Em seguida o líder perguntou ao comerciante se havia escutado bem o ruído das moedas. Hassan assentiu.

— Então declaro paga a dívida — sentenciou o líder. Pois para pagar o cheiro do café, nada mais justo que o *som* das moedas...

(Conto de provável origem árabe, que adquiriu inúmeras versões na Europa.)

?? O que é, o que é?

Nasce verde, cresce vermelho e morre preto?

DITADO POPULAR
Amigo remendado, café requentado.

Na ponta da língua

COMO SE ESCREVE?
CAFÉ E**X**PRESSO OU E**S**PRESSO?

A palavra *espresso* (com o **s** no lugar do **x**) não existe nos nossos dicionários, mas é assim que aparece escrita na maioria dos bares e restaurantes do Brasil, com a grafia da palavra em italiano, porque as máquinas para se fazer esse tipo de café, em geral, vinham da Itália. Em português, deveríamos escrever *expresso*.

Já em Lisboa, capital de Portugal, quando queremos um café feito na máquina, pedimos "uma bica".

Vejam como se pedem outros tipos de café no Brasil e em Portugal:

	BRASIL	PORTUGAL
café mais fraco	carioca	carioca
café com um pingo de leite	pingado	garoto
café com leite	média	galão ou meia de leite

16 Almanaque pé de planta

O café no mundo

No final do século XIX, o Haiti, até então o maior exportador de café do mundo, começou uma longa guerra para se libertar da França. Sua atividade cafeeira entrou em crise. O Brasil, nesse momento, aumentou sua produção e tornou-se o maior produtor mundial de café. Ferrovias foram instaladas só para escoar o produto e grandes levas de imigrantes chegaram para trabalhar nas fazendas de café. Durante pelo menos um século, o café foi o responsável pela nossa riqueza e teve grande influência na nossa vida política e cultural.

Superstição

Nas antigas roças de café, nem todos os cafeeiros podiam ser derriçados, isto é, colhidos grão por grão. Um pé de café carregadinho tinha que ficar para o saci. Se não, na colheita seguinte, o moleque danado dava um jeito de não deixar nem uma cereja no cafezal inteiro. O fazendeiro ia à miséria se não respeitasse o saci!

Almanaque pé de planta 17

Para rir

QUEM QUER TOMAR UM CAFÉ CONOSCO?

Diz que um caipira foi à casa de um vizinho. Bateram um papinho e dali a pouco o visitante se levantou para ir embora. O dono da casa não quis deixar e insistiu:

— Fique, compadre, pra tomar um café conosco.

O compadre aceitou o convite. Estava mesmo com fome... Sentou-se e esperou o café, que dali a pouco chegou. Mas veio só um café, simples, sem nada, nem um biscoitinho, para acompanhá-lo. O caipira ficou desapontado e perguntou:

— Compadre, o café tava bom, mas cadê o *nosco*?

Um homem entrou num bar e perguntou:
— Quanto custa um café?
— Um real — respondeu o garçom.
— E o açúcar, quanto custa?
— Ah, o açúcar não custa nada, é de graça...
— Então me dê cinco quilos de açúcar, por favor!

Você conhece estas expressões?

Café pequeno
que não é um adversário ou um desafio à altura

Café com leite
que não vale, não conta

18 Almanaque pé de planta

Hora das delícias...

Nem só quente, mas também gelado se toma café. E ele aparece em muitas receitas de bolos, pudins, sorvetes. Uma delícia... Experimente!

Gelado de café

INGREDIENTES:

1 lata de leite condensado

1 lata de creme de leite

1/2 xícara de café preparado forte

PREPARO:

Bata todos os ingredientes no liquidificador.

Despeje em cumbucas ou taças e leve ao congelador. Pronto!

Almanaque pé de planta 19

pé de milho

Quando eu era galo novo,
comia milho na mão.
Agora que sou galo velho,
bato com o bico no chão.

Eu plantei um pé de milho
no jardim do meu amor.
E agora eu tenho um filho,
meu jardim também deu flor.

milho de pipoca

milho cozido

bolo de milho

curau

OS TRÊS GRÃOS DE MILHO

Era uma vez um homem muito rico, que herdara do pai uma grande fazenda. Um dia passou por ali um mendigo, que lhe pediu esmola. O fazendeiro, nada generoso, pegou três grãos de milho e jogou-os ao mendigo, zombando:
— Tome, esta fortuna é para você.

O mendigo foi embora, levando os grãos de milho. O tempo passou. O fazendeiro, que não era muito amigo do trabalho, foi descuidando da fazenda. Por causa de sua preguiça, em poucos anos suas plantações viraram um matagal. Para pagar as contas, começou a fazer dívidas, mas logo não podia mais pagá-las e viu-se obrigado a vender a fazenda. Mandou anunciar a venda e logo veio um comprador, que ofereceu, sem regatear, o preço pedido. Na hora de se despedir, o novo proprietário perguntou-lhe se não se lembrava dele.

— Nunca o vi, garantiu o ex-fazendeiro.
— Sim, já me viu, mas não se lembra de mim. Eu sou aquele mendigo a quem você, um dia, deu três grãos de milho. Pois saiba que eu os plantei, esperei os pés de milho crescerem, colhi o milho, replantei-os e assim fui formando uma grande plantação. Com o dinheiro das colheitas, comecei a enriquecer. E, veja só o destino: graças ao meu trabalho e àqueles grãos de milho, hoje sou dono da sua fazenda...

(Conto da tradição oral, presente em diversos países em variadas versões.)

MILHO, ALIMENTO DE ANTIGAS CIVILIZAÇÕES

Quando Colombo descobriu o continente americano, descobriu também que o mais importante alimento dos povos recém-conquistados era o milho. O milho era consumido nas Américas desde civilizações bem antigas como a dos Maias, e outras menos antigas como a dos Astecas e a dos Incas. Essas três civilizações dependiam tanto do milho, que foram chamadas "as civilizações do milho". Não só comiam esse cereal cotidianamente, como faziam festas e rituais ligados a sua plantação e colheita. Isso também acontecia em terras brasileiras, muito antes da chegada dos portugueses.

A descoberta da América permitiu que o milho fosse mais conhecido e seu uso difundido em toda a Europa. Entretanto, historiadores já comprovaram que muito antes, na Antiguidade, os etruscos (povos que deram origem aos romanos) consumiam um tipo de milho miúdo (*milium*), que não era igual ao encontrado em terras americanas, mas era bem parecido, um parente próximo, podemos dizer.

No Brasil, planta-se milho principalmente nas regiões Sudeste e Centro-Oeste, e nos estados da Bahia, Tocantins, Piauí, Maranhão, Santa Catarina e Paraná.

Não só os povos antigos faziam festas homenageando o milho; isso até hoje acontece. Mesmo no Brasil, há festas e exposições do milho em várias cidades. Algumas delas, como Patos de Minas, em Minas Gerais, Quadra, em São Paulo, e Xanxerê, em Santa Catarina, são chamadas de "Capital do Milho".

24 Almanaque pé de planta

O pé de milho

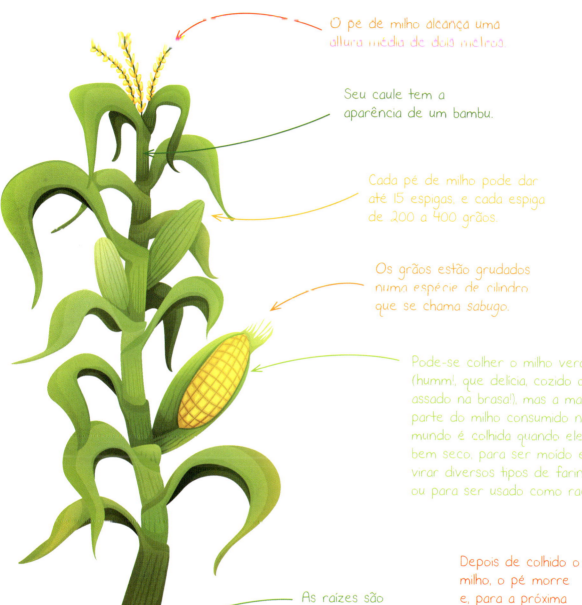

O pé de milho alcança uma altura média de dois metros.

Seu caule tem a aparência de um bambu.

Cada pé de milho pode dar até 15 espigas, e cada espiga de 200 a 400 grãos.

Os grãos estão grudados numa espécie de cilindro que se chama *sabugo*.

Pode-se colher o milho verde (humm!, que delícia, cozido ou assado na brasa!), mas a maior parte do milho consumido no mundo é colhida quando ele está bem seco, para ser moído e virar diversos tipos de farinha, ou para ser usado como ração.

As raízes são pequenas, franzinas.

Depois de colhido o milho, o pé morre e, para a próxima colheita, deve ser plantado de novo.

Antigamente, o plantio do milho era feito manualmente (isso mesmo, à mão, grão por grão) e era costume se plantar três grãos de milho em cada covinha. Os camponeses diziam: "um para Deus, outro para o homem, outro para a terra". Hoje, tanto o plantio quanto a colheita são feitos geralmente por máquinas.

Almanaque pé de planta 25

Assim contam

A LENDA DO MILHO

Foi numa época de muita seca que tudo aconteceu. Os índios não estavam achando frutos para comer e nem mesmo caça, pois os animais se embrenhavam nas matas densas, afastavam-se das aldeias, procurando água. Naquele tempo, os índios ainda não sabiam plantar e muito menos guardar provisões.

Já andavam de barriga vazia há algum tempo, quando dois amigos guerreiros resolveram recorrer ao poder de Nhandeyara, o Grande Espírito. Invocaram o poderoso, que surgiu à sua frente como um deus:

— Se quiserem alimento para sua tribo, lutem como valentes guerreiros.

Os dois amigos lutaram e, ao final, um deles, Auati, foi mortalmente ferido. O outro chorou sua morte, mas Nhandeyara apareceu novamente e ordenou-lhe que o enterrasse, pois dali nasceria uma planta que lhes daria de comer e beber. O sábio espírito ensinou-o também como plantar os grãos e conservá-los para épocas de seca. A planta que ali nasceu era o milho, chamado pelos Guarani de *auati* ou *avati*, em homenagem ao índio sacrificado.

(Lenda dos índios Guarani.)

DITADO POPULAR

De grão em grão, a galinha enche o papo.

Papagaio come milho, periquito leva a fama.

O que é, o que é?

Sou bicudo e amarelo, amarelo e, no entanto, se me botam na panela dou um pulo e fico branco.

Na ponta da língua

O milho é um cereal e seu nome científico é *Zea mays*, que lembra a palavra *maisena*, um tipo de farinha extraída do milho, muito usada para fazer mingaus e biscoitos. Em português também existe a palavra *maís* (um tipo de milho grande), parecida com a palavra milho em diversos idiomas:

Vocês notaram a semelhança? O curioso é que, em outros países que falam a nossa língua, o milho pode ganhar nomes bem diferentes:

zambete ou **nacua**
Moçambique

abati ou **jangão**
Timor-Leste e Macau

midje ou **pé-de-lugar**
Cabo Verde

maça ou **masasi**
Angola

Milho-e-uma utilidades

O milho é mesmo um cereal de mil e uma utilidades. Sua maior função, no Brasil, não é servir de alimento ao ser humano, mas aos animais, puro ou em forma de ração para bois, cavalos, porcos, aves e peixes. Nosso país produz muito milho, mas só 5% é usado na nossa alimentação.

Na indústria, o milho é utilizado para fazer álcool, óleos, colas e espessantes para diversos fins. Recentemente, seu uso se estendeu até a indústria automobilística, principalmente nos Estados Unidos, que têm incentivado seu aproveitamento para a produção de biocombustíveis, como o etanol. Aliás, você sabia que os Estados Unidos são o maior produtor de milho do mundo?

Almanaque pé de planta

BRINCANDO COM O MILHO

Você sabia que nas zonas rurais, isto é, em fazendas e sítios, muitas crianças ainda fazem brinquedos usando o milho?

Boneca de milho

1. Pegue uma espiga de milho cujos grãos estejam bem secos.

2. Abra-a com cuidado, sem arrancar as palhas. Este será o cabelo, que você poderá cortar depois como quiser.

3. Debulhe com cuidado a parte de cima, deixando grãos que irão formar as sobrancelhas, os olhos, o nariz e a boca.

4. Continue debulhando, mas deixe uma volta de grãos para parecer o colar e depois os botões da roupa.

5. Faça uma saia com retalhos de pano e pronto!

Para rir

Ia um rapaz pela estrada, conduzindo uma carroça abarrotada de milho, quando se distraiu e a carroça virou, derrubando toda a carga.

Um fazendeiro ouviu o barulho e correu para ajudar. Vendo o rapaz branco de susto, convidou-o para entrar em sua casa:

— Venha comigo, tome um copo de água, descanse, que depois eu peço a meus funcionários que o ajudem a pôr a carroça em pé.

— Não — recusou o rapaz. — Acho melhor não... meu pai não vai gostar...

— Como não? — insistiu o fazendeiro. — Venha se refrescar, o que tem de mais? O milho não vai fugir... Depois explico a seu pai.

E tanto insistiu, que o jovem aceitou o convite. Dali a pouco, já refrescado e descansado, agradeceu:

— Muito obrigado! Sinto-me bem melhor. Mas acho que meu pai vai ficar muito bravo.

— Imagine, que bobagem! Mas onde está seu pai?

— Era o que eu queria contar: ele está debaixo da carroça...

(anedota popular)

O Visconde de Sabugosa, célebre personagem de Monteiro Lobato, era um boneco de milho. E como era sabido!

28 Almanaque pé de planta

Hora das delícias...

Além de mingaus e biscoitos, com o milho é possível fazer uma infinidade de pratos doces ou salgados: polenta, pamonha, curau, cuscuz, sopas, saladas, cremes, sorvetes, pudins. E não nos esqueçamos do milho de pipoca!

O milho é importante fonte de energia. É constituído de carboidratos, proteínas e vitaminas, e a casquinha de seus grãos é rica em fibras. Mas é bastante calórico, então não exagere na comilança!

PARLENDA PRA FAZER UMA BOA PIPOCA

Pula, pipoca,
Maria Sororoca
filho de ferreiro,
caiu na barroca,
menino teimoso,
ladrão de paçoca.

Bolo de milho

INGREDIENTES:

2 xícaras de milho verde (pode ser milho fresco, mas cuidado ao cortar os grãos; peça ajuda a um adulto)

2 latas de leite condensado

1 pacote de coco ralado de 100 g

1 colher de sopa de fermento em pó

6 ovos

PREPARO:

Bata o milho, o leite condensado e os ovos no liquidificador.

Coloque a massa numa vasilha e misture o coco e o fermento.

Despeje numa forma untada e leve ao forno pré-aquecido até que fique dourado por cima.

O que é, o que é?
Tem cabelo e tem pé, mas gente não é!

VOCÊ CONHECE ESTA EXPRESSÃO?
Catar milho
digitar (no teclado de máquina de escrever ou de computador) com dificuldade, usando apenas um ou dois dedos.

pé de banana

cacho de banana

farofa de banana

doce de banana

Cantando, dançando ou representando pelo mundo, Carmen Miranda ajudou a difundir a banana e o Brasil.

pé de banana

Principais lavouras de banana no Brasil

Região Nordeste
Maranhão, Ceará, Rio Grande do Norte, Piauí, Paraíba, Pernambuco, Alagoas, Sergipe, Bahia

Região Sudeste
Minas Gerais, São Paulo, Espírito Santo, Rio de Janeiro

A folha da bananeira,
de comprida foi ao chão;
mais comprida foi a fita
que laçou meu coração.

A folha da bananeira,
de tão verde amarelou;
a boca do meu benzinho,
de tão doce açucarou.

MACACO QUER BANANA!

Diz que tinha uma velha que plantava bananas. Entretanto, quando elas iam amadurecendo, um danado de um macaco passava e roubava-as todas.

A velha, que não era nada boba, teve uma ideia: modelou um boneco com cera e piche, mas tão parecido com um menino verdadeiro, que só faltava falar. E pregou o moleque de piche numa bananeira, a que estava com o cacho já no ponto de ser colhido.

E vai daí que chegou o macaco. Vendo aquele menino guardando a bananeira, disse:

— Moleque, me dá uma banana!

Mas o moleque, é claro, não respondeu. O macaco não gostou da falta de resposta:

— Moleque, tô mandando! Me dá uma banana!

O moleque, nada.

— Moleque, se você não me der uma banana, te dou um tapão na cara!

O moleque, nem *tchum*. E o macaco lhe deu um tapa, ficando com a mão presa no piche.

— Solta minha mão, moleque! — esbravejou o macaco. — Solta ou te lasco um outro tapão!

E, vendo que o menino não ia soltar nada, o macaco lascou-lhe outro tapa. E ficou com a outra mão grudada na cara do boneco.

— Me solta, me solta! — esgoelava o macaco. — Me solta, ou te arrumo um chute nas canelas!

O boneco não se abalou. E o macaco arrumou-lhe um chute com toda a força. Pra quê? Ficou com o pé preso nas canelas do boneco! Então ameaçou:

— Larga meu pé, moleque! Larga ou te dou outro pontapé!

E foi o que fez, ficando com o outro pé preso. Mas não foi tudo: urrando como um condenado, ainda teve força de ameaçar:

— Me larga, moleque, ou você vai ver! Te dou uma umbigada de arrebentar!

Mas quem se arrebentou foi o macaco. Deu a umbigada, ficou com a barriga presa. Nisso, chegou a velha.

— Aí, danado! Quero ver agora quem é o valentão!

E pespegou-lhe uma tremenda surra de esfolar o couro. Só então soltou o guloso, que sumiu pelo mato e nunca mais voltou.

(Conto popular)

Almanaque pé de planta 33

 ORIGENS

BANANA, A MUSA DO PARAÍSO

A banana é conhecida como a típica fruta dos países tropicais, principalmente do Brasil, mas na verdade ela é originária da Ásia, provavelmente do sul da Índia, país que leva o título de maior produtor mundial de bananas, seguido de perto pelo Brasil. Há apenas uma variedade de banana que é nativa em nosso país, a banana-da-terra.

As tradições da Índia dizem que essa fruta existe desde o início dos tempos e que seria uma bananeira a famosa árvore do Paraíso. Isso aparece registrado num de seus nomes científicos: *Musa paradisíaca* (a musa do paraíso). Outro nome científico da bananeira, *Musa sapientum*, indica que ela é a árvore dos sábios.

Parece que foram os árabes que levaram a banana da Ásia para a África. Daí, essa excelente fruta atravessou o Atlântico e veio parar aqui, aclimatando-se muito bem.

Existem mais de 100 tipos de banana no mundo: nanica, prata, maçã, da terra, d'água, figo, ouro, são-tomé, pacova (ou pacová), só para citar as variedades mais conhecidas. Quais delas você conhece?

Em todo o Brasil se veem bananeiras, mas as regiões Nordeste e Sudeste são as maiores produtoras nacionais da fruta.

O pé de banana

O pé de banana, a bananeira, não é propriamente uma "árvore". Seu tronco é formado pelas bases das folhas, que são longas, enormes, e vão se colocando uma sobre a outra, como uma erva gigante. Por isso, o caule é macio.

Os frutos nascem em grandes cachos. Depois de colhidos, deve-se cortar a bananeira, para dar espaço a outras que crescem na mesma moita.

As flores da bananeira são pequeninas e envoltas por uma espécie de folha chamada bráctea, arroxeada, conhecida como o "coração-da-banana".

Banana não se planta com sementes, mas com pedaços de caules subterrâneos, as "mudas". Enterra-se a muda e ela vai criando pequenos caules e folhas, que formam, aos poucos, uma nova moita de bananeiras.

Almanaque pé de planta 35

No mundo, a banana é a fruta mais consumida, mas no Brasil fica em segundo lugar, perdendo para a laranja. Mesmo assim, ninguém come mais banana do que o brasileiro: mais ou menos quatro cachos por ano – cada um!

Sabe quanto é isso? Cerca de 600 bananas! Pois é, cada cacho dá por volta de 150 frutos, mas muitas vezes ultrapassa os 200.

E você, será que é capaz de comer 600 bananas por ano?

DICAS

Na hora de consumir a banana, prefira as bem amarelinhas, com pequenas manchas marrons.

A folha da bananeira serve para embrulhar postas ou filés de peixe que vão ser preparados na grelha.

Se a banana estiver muito mole, mas não estragada, aproveite-a em bolos, vitaminas ou doces.

Para que uma penca de banana amadureça mais depressa, coloque junto outra banana que já esteja bem madura.

Superstição

Enfie uma faca nova (sem uso) no tronco de uma bananeira na noite de São João. No dia seguinte, retire a faca. Observe que sua lâmina estará manchada. Consegue ver uma letra? Pois essa é a letra inicial do nome do seu futuro noivo (ou noiva)! Quem quiser que acredite...

Assim contam

A BANANEIRA SAGRADA E O MONTE RORAIMA

(Lenda dos índios Macuxi)

O Monte Roraima faz parte de uma impressionante formação rochosa que fica na fronteira entre o Brasil, a Venezuela e a Guiana. Conta uma lenda dos índios Macuxi que antigamente ali não havia monte nenhum, era tudo plano. E muito farto: caça e pesca em abundância, muitas árvores frutíferas, ninguém precisava disputar comida.

Um dia, nasceu naquele local uma bela bananeira, árvore que ninguém conhecia. A bananeira logo cresceu e deu frutos amarelos como ouro. Muita gente queria colhê-los, mas o pajé disse que a árvore era sagrada, os deuses tinham avisado que não comessem daqueles frutos, pois eles eram divinos. Terríveis consequências sofreriam se violassem a proibição!

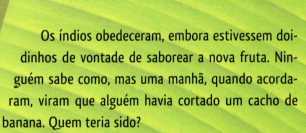

Os índios obedeceram, embora estivessem doidinhos de vontade de saborear a nova fruta. Ninguém sabe como, mas uma manhã, quando acordaram, viram que alguém havia cortado um cacho de banana. Quem teria sido?

Antes de acharem o culpado, a terra começou a tremer. Os animais, assustados, fugiram, e despencou um verdadeiro dilúvio. O céu parecia um campo de guerra, com trovões e relâmpagos de apavorar. Ali, bem onde crescia a bananeira, o chão começou a se abrir e do centro da Terra surgiu uma montanha, que se elevou até o céu. Era o jeito de devolver a bananeira para os deuses...

Assim surgiu o Monte Roraima. Até hoje, quando escorre água pelas pedras das suas encostas, os índios dizem que o monte está chorando, lembrando o castigo do passado.

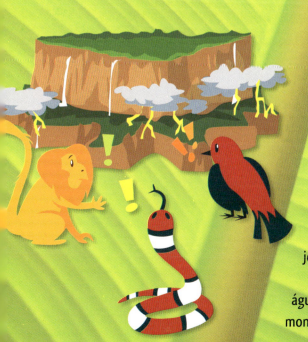

Almanaque pé de planta 37

Na ponta da língua

Você sabe o que é *mariola*?

É assim que chamam, na maior parte do Brasil, o doce de banana, geralmente em forma de tablete, embrulhado em papel celofane. Mas ainda hoje se encontra a mariola tradicional, embrulhada em folha de bananeira. Veja se conhece estes outros nomes das iguarias feitas com banana:

Cartola – Região Nordeste

fatias de banana fritas, cobertas de queijo assado, açúcar e canela

Mineiro de botas ou mineiro com botas – Região Centro-Oeste

sobremesa feita com bananas fritas ou assadas, ovos e creme ou queijo de minas

Nego bom – Região Nordeste

bananada mole, enrolada em bolinhas, passadas no açúcar

VOCÊ CONHECE ESTAS EXPRESSÕES?

Ser um banana

ser covarde, incapaz de ter uma reação

Plantar bananeira

ficar de cabeça para baixo, apoiado nas mãos

Ficar embananado

ficar confuso, atrapalhado

38 Almanaque pé de planta

Hora das delícias...

A banana é uma fruta muito nutritiva, rica em sais minerais, principalmente cálcio, fósforo e ferro, e vitaminas. Além de ser deliciosa ao natural, com ela se podem fazer variadas sobremesas: bananada, sorvetes, bolos, isso sem falar nos pratos salgados, como a deliciosa farofa de banana, banana empanada, *cheese-banana*. Se você nunca comeu esse sanduíche, experimente: é um misto-quente que leva banana no lugar do presunto. Bem melhor para a saúde!

Cheese-banana

INGREDIENTES:

2 fatias de pão de forma

2 fatias de queijo prato ou muçarela

1 banana prata ou nanica madura

PREPARO:

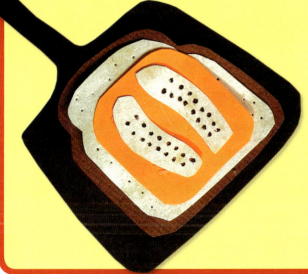

Corte a banana em fatias longitudinais.

Arrume, numa fatia de pão, uma fatia de queijo, as tiras de banana, outra fatia de queijo.

Feche o sanduíche com a outra fatia de pão e ponha na sanduicheira ou na forma de sanduíche até derreter o queijo.

Para rir

Sabe quais foram as últimas palavras da banana?
— Macacos me mordam!!!

Almanaque pé de planta

pé de mandioca

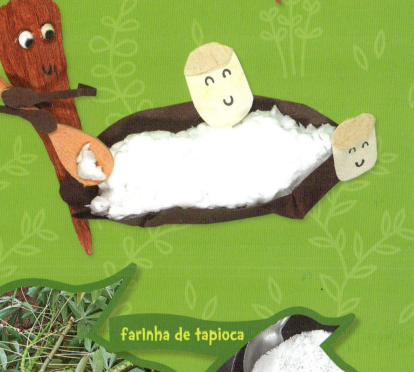

farinha de tapioca

bobó de camarão

Mandioca dá na rama
e banana dá no cacho.
E você, minha morena,
dê pra mim o seu abraço.

Todo peixe dá o cozido,
a mandioca dá o pirão.
O teu beijo, moreninha,
dá luz a meu coração.

Maninha, pega a peneira
para a massa peneirar;
depois acenda fogueira
para o beiju preparar.

Toda rosa tem seu cheiro,
perfume pra se cheirar;
mandioca sem tempero
não convém se mastigar.

A HERANÇA DE MANI

(Lenda Tupi)

Conta uma lenda indígena que a filha de um cacique, um tuxaua muito poderoso, um dia descobriu que estava esperando um filho. A moça não sabia explicar quem era o pai da criança, por mais que o cacique se zangasse e a ameaçasse. A índia só se lembrava de um sonho, em que lhe aparecera um homem bonito como um deus.

Ao fim de alguns meses, a moça deu à luz uma menina, de pele muito clara, que se chamou Mani. Era tão engraçadinha e esperta a criança, que logo conquistou o coração de todos.

Entretanto, quando completou três anos, sem nenhuma causa visível, a menina morreu. Todos ficaram muito tristes e a enterraram perto da aldeia, para que pudessem sempre visitar a última morada da linda menina.

A mãe de Mani, inconformada, todos os dias chorava à beira da sepultura da filha.

Passado algum tempo, os índios perceberam que ali, no exato local onde ela havia sido enterrada, brotava uma planta desconhecida. A planta deu flores e frutinhos, mas só os pássaros conseguiam comê-los.

Os índios não sabiam ainda o que fazer com a planta, até que um dia a terra rachou e pôs à mostra grossas e longas raízes. Por fora, a raiz era marrom, bem escura, mas por dentro, era branquinha como a pele de Mani. Os índios a cozinharam e adoraram seu sabor. Em homenagem a Mani, puseram-lhe o nome de *manioca*, ou seja, "casa de Mani". Estava descoberta a mandioca.

Almanaque pé de planta 43

MANDIOCA, A RAINHA DO BRASIL

A mandioca é uma planta originária do nosso continente. Quando os portugueses chegaram aqui, logo perceberam como essa raiz era importante na alimentação dos índios, que a comiam assada, cozida, em forma de farinha ou mesmo de bebida.

O Padre José de Anchieta, quando veio catequizar nossos índios, chamou-a de "pão da terra" ou "pão dos trópicos". O folclorista Câmara Cascudo, em seu livro *A História da Alimentação do Brasil*, fala da contribuição indígena no cardápio dos brasileiros e destaca a mandioca, chamando-a de Rainha do Brasil.

O Brasil é um dos maiores produtores de mandioca do mundo e exporta para vários países. Atualmente, planta-se mandioca em todas as regiões do Brasil, destacando-se os estados do Pará, Bahia, Paraná, Rio Grande do Sul e Amazonas.

Mês sem R

Dizem os conhecedores de mandioca que "mandioca boa é de mês sem r". Mas o que seria mês sem r? Fácil, é só verificar, nos nomes dos meses, em qual deles falta a letra R. Temos quatro no ano: maio, junho, julho e agosto. E os outros? Faça a prova para ver se eles têm!

44 Almanaque pé de planta

FAÇA VOCÊ MESMO
Cola de farinha

Se você não tiver cola em casa, é só misturar farinha de mandioca com um pouco de água, até formar um grude. Esse grude seca e endurece, como cola normal. Mas cuidado, pois pode atrair insetos, já que é comestível.

UMA PLANTA BEM BRASILEIRA

Já em 1500, na carta de Pero Vaz de Caminha ao rei de Portugal, a mandioca era mencionada. Falando dos costumes dos índios, Caminha diz:

"Eles não lavram nem criam. Nem há aqui boi ou vaca, cabra, ovelha ou galinha, ou qualquer outro animal que esteja acostumado ao viver do homem. E não comem senão deste inhame, de que aqui há muito, e dessas sementes e frutos que a terra e as árvores de si deitam. E com isto andam tais e tão rijos e tão nédios que o não somos nós tanto, com quanto trigo e legumes comemos."

Esse inhame era a mandioca; os portugueses só conheciam o inhame, uma raiz semelhante, proveniente das colônias da África portuguesa.

Almanaque pé de planta 45

O pé de mandioca

O pé de mandioca é um arbusto de cerca de um metro e meio de altura, cheio de ramos e com folhas que parecem mãos espalmadas.

Como a parte que nos interessa mais é a raiz, cada vez que colhemos a mandioca, destruímos também o pé.

Mas isso não é grave, pois basta enfiar na terra um pedacinho do caule, a *maniva*, e logo um outro pé de mandioca crescerá.

Isso também está explicado no livro de Frei Vicente do Salvador: "(...) só se planta a rama feita em pedaços de pouco mais de palmo, os quais metidos até o meio na terra cavada dão muitas e grandes raízes (...)".

Assim contam

O ALIMENTO MILAGROSO

(Mito Ienetehara)

Para os índios Tenetehara (assim se chamam os índios conhecidos como Guajajara, no Maranhão, e Tembé, no Pará), a mandioca é sagrada, pois foi a primeira planta a ser cultivada por eles.

Este é o resumo do mito que contam:

Há muito tempo, os Tenetehara não conheciam a mandioca. O índio Maíra estava doente e não queria comer nada. Só ficava deitado na rede. Então a mulher e o filho foram à mata colher kamamô, uma frutinha silvestre. Assim que ficou sozinho, Maíra viu chegar o deus Tupã, que trouxe farinha de mandioca para o índio comer.

Quando a família voltou, Maíra não disse nada, mas o filho viu, debaixo da rede do pai, uns grãozinhos estranhos. Ele os juntou e foi mostrar à mãe, dizendo que o pai estava comendo aquilo. A mãe não acreditou, pois havia dias que o marido recusava qualquer alimento. Porém, no dia seguinte, o mistério prosseguiu. Tupã sempre aparecia ao doente e lhe trazia a farinha, até que um dia a mãe e o filho voltaram mais cedo da mata e surpreenderam Tupã.

O deus desapareceu assim que eles chegaram, mas a cuia de farinha ficou. O menino provou e gostou. Maíra, que já estava curado, disse à mulher que Tupã lhe ensinara a plantar os ramos que ali havia deixado. Eram os talinhos da mandioca, que foram plantados e já começaram a crescer e deitar raízes no dia seguinte, como por milagre. A partir daí, os Tenetehara aprenderam a cultivar seus alimentos.

MANDIOCA-BRAVA

Existe uma variedade de mandioca, a mandioca-brava, que apresenta uma grande quantidade de um ácido, o ácido cianídrico, por isso é considerada tóxica. Mas como esse ácido desaparece depois de cozida a mandioca, ela pode ser usada na indústria alimentícia, em forma de farinha.

VAI PARA O TRONO OU NÃO VAI?

A mandioca (nome científico: *Manihot esculenta*) é uma raiz comestível de casca fina marrom e parte interna bem branquinha, apesar de algumas, depois de cozidas, se tornarem amarelas.

Essa raiz tem alto valor energético, muitos sais minerais e vitamina B. Pode ser consumida cozida, frita, em forma de pirão, de bolinhos, de pães, até mesmo de bebida, sem falar nos vários tipos de farinha: tapioca, polvilho, araruta e a chamada farinha de mandioca, que acompanha tão bem o feijão e os pratos de peixe. Além disso, a mandioca serve como ração animal.

E suas mil e uma utilidades não acabam aí: já se pensou na mandioca como substituta da cana na produção de álcool para combustível e, recentemente, descobriu-se que ela pode servir de matéria-prima na produção de embalagens, substituindo o isopor. Mas um "isopor" muito melhor, porque seria biodegradável, e, depois de usado, ainda poderia servir de alimento para animais. Ela não é mesmo uma rainha entre as plantas?

Na ponta da língua

Entre os nomes da mandioca registrados pelos dicionários brasileiros, estão: aipim, aimpim, candinga, castelinha, macamba, macaxeira, macaxera, mandioca-brava, mandioca-doce, mandioca-mansa, maniva, maniveira, moogo, mucamba, pão-da-américa, pão-de-pobre, pau-de-farinha, pau-farinha, tapioca, uaipi e xagala. E na sua região, como ela é chamada?

Veja se conhece os nomes destas iguarias e produtos feitos com mandioca:

Revirado
cozido de mandioca, feijão e carne ou peixe.

Carne atolada
cozido de carne com pedaços de mandioca.

Cauim
bebida alcoólica obtida pela fermentação da mandioca mastigada pelas índias e usada principalmente em festas e celebrações.

Polvilho
farinha muito fina feita da massa da mandioca e usada para biscoitos e outros quitutes, entre eles o famoso pão de queijo.

Bobó de camarão
refogado de camarão com mandioca ralada e leite de coco.

Roupa-velha
mistura de farinha de mandioca, feijão e carne-seca.

Tucupi
molho feito com a água da goma da mandioca, muito usado para acompanhar aves e peixes.

Beiju ou tapioca
nome da goma feita com a fécula da mandioca e também da panqueca feita com essa goma.

48 Almanaque pé de planta

Hora das delícias...

Entre os mil e um usos da mandioca na culinária, estão estes bifinhos de dar água na boca. Você vai gostar, com certeza!

Bifes de mandioca

INGREDIENTES

2 xícaras de mandioca cozida e moída
1/2 cebola ralada
2 colheres (sopa) de cebolinha picada
1 ovo
2 colheres (sopa) de farinha de trigo
Sal e pimenta a gosto

PREPARO:

Misture tudo muito bem.

Divida em pedaços, faça umas bolas, achate-as, dando-lhes a forma de um bifinho.

Frite-os em óleo quente e ponha para escorrer sobre um guardanapo de papel.

Atenção: peça a um adulto que o ajude a fazer os bifinhos e que ele os frite para você.

Para rir

ESTA TERRA NÃO DÁ NEM MANDIOCA...

Um funcionário do Ministério da Agricultura foi fazer uma pesquisa num lugarejo perdido no meio do Brasil.

Encontrou um camponês descansando na rede e começou sua pesquisa:

— Essa terra dá feijão?
— Feijão? Não, não dá, não, senhor.
— Dá milho?
— Ah, que eu saiba não...
— Então dá cana?
— Cana? Mas imagine... cana não dá, não...
— E mandioca?
— Mas de jeito algum...
— Não dá nem mandioca? Quer dizer então que não adianta mesmo plantar nada nela!
— Plantar? *Bão*, se plantar, aí a coisa é diferente...

Almanaque pé de planta 49

GUARANÁ COM CANUDINHO

Uma vaca entrou num bar
e pediu um guaraná.
O garçom, um gafanhoto,
tinha cara de biscoito.
Olhou de trás do balcão,
pensando na confusão.
Fala a vaca, decidida,
pronta pra comprar briga:
— E que esteja geladinho
pra eu tomar de canudinho!
Na gravata borboleta,
gafanhoto fez careta.
Responde: vaca sem grana
Se quiser, vai comer grama.
— Ah, é?, muge a vaca matreira,
quem dá leite a vida inteira?
— Dou leite, queijo, coalhada,
reclamo, ninguém me paga.
Da gravata, a borboleta
sai voando satisfeita.
Gafanhoto leva um susto,
acreditando muito a custo.
E serve, bem rapidinho,
Guaraná com canudinho.

(CAPPARELLI, Sérgio. *Boi da cara preta*.
Porto Alegre: LP&M, 1983.)

bebida feita de guaraná

frutos do guaraná

pó de guaraná

pé de guaraná

Principais lavouras de guaraná no Brasil

planta do guaraná

OS OLHOS DO MENINO

Entre os povos indígenas do Brasil há muitas lendas que contam a origem do guaraná. Uma delas é a dos índios Maué (ou Saterê-mauê, como eles se chamam). Segundo eles, há muito, muito tempo, a tribo vivia dias difíceis, quase sem caça para comer e sem plantas também. Até os rios estavam sem peixes. Foi então que um casal teve um filho, um menino de vivos olhos negros. Assim que nasceu, a boa sorte da aldeia voltou e começou um tempo de fartura e felicidade. Por isso, o curumim cresceu rodeado do amor de todos da tribo. Isso acabou despertando a inveja de Jurupari, o espírito do mal. Não querendo permitir que os índios fossem felizes, transformou-se numa serpente venenosa e, aproveitando-se de um momento em que o menino estava sozinho e distraído colhendo frutas, picou-o mortalmente.

Quando deram pela falta do menino, os índios foram procurá-lo na floresta. Uma grande tristeza tomou conta da tribo quando encontraram seu corpo já sem vida. Contam que naquele momento começou a chover e um raio caiu ao lado do indiozinho. Foi um grande susto, mas o pajé explicou que aquela era uma mensagem dos céus, dos bons espíritos. Explicou ainda que deviam enterrar os olhos do menino. Os Maué assim fizeram e naquele local nasceu uma planta desconhecida, de frutos vermelhos, com sementes negras, rodeadas de uma polpa branca. Neles podiam-se reconhecer os olhos do indiozinho tão amado, que continuou presente na vida da aldeia, dando mais força e energia a todos.

(Lenda dos índios Mauê)

GUARANÁ, TESOURO BRASILEIRO

O guaraná é cultivado há centenas de anos na Amazônia brasileira, na região próxima aos rios Tapajós e Madeira, local que corresponde à terra ancestral dos índios Saterê-mauê, os primeiros a produzir o guaraná e beneficiá-lo. É encontrado no Brasil e na Venezuela e cultivado principalmente nos estados do Amazonas e da Bahia.

A primeira descrição do guaraná data de quase 350 anos, época em que esses indígenas tiveram seu primeiro contato com o homem branco. O padre João Felipe Betendorf relata seu encontro com os Andirazes (os Maué que habitavam as margens do rio Andirá, na Amazônia), no ano de 1669:

"Têm os Andirazes em seus matos uma frutinha que chamam guaraná, a qual secam e depois pisam, fazendo dela umas bolas, que estimam como os brancos o seu ouro, e desfeitas com uma pedrinha, com que as vão roçando, e em uma cuia de água bebida, dá tão grandes forças, que indo os índios à caça, um dia até o outro não têm fome, além do que faz urinar, tira febres e dores de cabeça e cãibras".

O guaraná é comercializado em forma de xarope, barras, pó ou mesmo sementes. Para fazer o pó, os índios primeiro faziam uma pasta com as sementes; depois essa pasta era moldada em forma de barra, que deixavam endurecer. Então, ela era ralada, adivinhem com o quê? Com a língua seca do peixe pirarucu.

O pé de guaraná

O pé de guaraná é uma trepadeira. Quando cresce na mata, pode se enroscar numa árvore de grande porte e crescer até bem alto (mais de dez metros). Em locais abertos, fica rasteiro, perto do solo.

Suas folhas são bem verdes e os frutos, que dão em cachos compridos, são vermelhos.

Quando amadurecem, sua casca se rompe, mostrando uma semente negra rodeada de uma polpa branca, o *arilo*. Parecem mesmo olhinhos!

A colheita se realiza entre outubro e janeiro. Os cachos são colhidos com as mãos e as sementes, também chamadas de amêndoas, colocadas em aturás ou jamaxins (cestos trançados pelos índios) e transportados para galpões, onde se faz o beneficiamento, ou seja, o processo que dá ao grão as condições para seu consumo e industrialização.

Um hectare (100 metros quadrados) de plantação de guaraná dá em média uma tonelada de amêndoas secas por ano.

Almanaque pé de planta **55**

AS ABELHAS PROTETORAS

(Lenda dos índios Mauê)

Outra lenda dos Saterê-mauê conta que Anumaré, o fundador do mundo, depois de criar todas as coisas na Terra, foi para o céu e se transformou no Sol. Ele tinha uma irmã, Uniawamoni, e a convidou para ir morar com ele. Mas ela gostava muito da Terra e aqui quis ficar. Uniawamoni foi transformada numa abelha para poder ajudar os indígenas a proteger o seu tesouro, o guaraná. Essa seria a origem das abelhas-canudo, pequeninas e sem ferrão. Só elas fazem o mel da flor de guaraná, além de ajudarem a polinizar outras plantas da floresta Amazônica.

Quem mora no exterior sempre tem saudades do nosso guaraná, bebida tão brasileira. Talvez por isso há alguns anos esse refrigerante começou a ser fabricado em Portugal, que importa nossa matéria-prima. Também na Sérvia e em outros países do Leste Europeu fabrica-se uma bebida energética à base de guaraná, comercializada com esse nome, mas seu sabor não é nada igual. É muito azedo!

Foi o médico e cientista Luiz Pereira Barreto, da cidade de Resende, Rio de Janeiro, que desenvolveu um método de processamento do fruto do guaraná, possibilitando que fosse usado na indústria do refrigerante. Isso aconteceu em 1905 e já no ano seguinte a bebida foi lançada por uma fábrica de refrigerantes de Santa Maria, Rio Grande do Sul.

Na ponta da língua

O guaraná (nome científico: *Paullinia cupana*) é também conhecido por *narana*, *guaranaúva*, *guaranaína*, *guaraná-da-amazônia* ou *wara'ná*, na língua dos Saterê-mauê. *Wará*, na cultura desses povos, significa o início, o fundamento de todo conhecimento.

Veja quantas frutas brasileiras ganharam nomes de origem indígena, principalmente do tupi:

Caju
NOME INDÍGENA: *aka'yu*
SIGNIFICADO: ano de idade (talvez porque a frutificação anual do caju ajudava a contar os anos)

Abacaxi
NOME INDÍGENA: *iwaka'ti*
SIGNIFICADO: fruta cheirosa

Açaí
NOME INDÍGENA: *iwasa'i*
SIGNIFICADO: fruto que chora (que deita água)

Jabuticaba
NOME INDÍGENA: *yawoti'kawa*
SIGNIFICADO: comida de jabuti

Goiaba
NOME INDÍGENA: *acoyá* ou *acoyaba*
SIGNIFICADO: de sementes juntas

Maracujá
NOME INDÍGENA: *moroku'ya*
SIGNIFICADO: fruto que é vasilha, cuia

Pitanga
NOME INDÍGENA: *pi''tanga*
SIGNIFICADO: vermelho

Na praça Marechal Deodoro, no bairro de Santa Cecília, em São Paulo, existe um monumento que homenageia Luiz Pereira Barreto. Além de ser o pioneiro nas pesquisas sobre o guaraná, ele foi o responsável pela industrialização da cerveja em São Paulo e o introdutor das primeiras safras de uvas destinadas à produção de vinho. Da escultura fazem parte duas figuras de mulheres: uma representa a Medicina e a outra, a Agricultura.

Almanaque pé de planta **57**

MACUNAÍMA E O GUARANÁ

O mito do guaraná também aparece no livro *Macunaíma*, de Mário de Andrade.

Segundo o texto, Ci, a Mãe do Mato, tem com o herói, Macunaíma, um filho, que morre depois de mamar no único peito de Ci, envenenado pela Cobra Preta. Assim é narrado seu enterro:

"Botaram o anjinho numa igaçaba esculpida com forma de jaboti e pros boitatás não comerem os olhos do morto o enterraram mesmo no centro da taba com muitos cantos muita dança e muito pajuari. Terminada a função a companheira de Macunaíma, toda enfeitada ainda, tirou do colar um muiraquitã famoso, deu-a pro companheiro e subiu pro céu por um cipó. É lá que Ci vive agora nos trinques passeando, liberta das formigas, toda enfeitada ainda, toda enfeitada de luz, virada numa estrela. É a Beta do Centauro. No outro dia quando Macunaíma foi visitar o túmulo do filho viu que nascera do corpo uma plantinha. Trataram dela com muito cuidado e foi o guaraná. Com as frutinhas piladas dessa planta é que a gente cura muita doença e se refresca durante os calorões de Vei, a Sol." (*Macunaíma*, capítulo III, p. 28.)

Para rir

Um homem, chegando pela primeira vez a uma cidade grande, entra numa loja e vê uma máquina automática de refrigerantes. Fica curioso e pergunta ao caixa do estabelecimento como funciona.

— Com fichas — responde o funcionário.

O homem compra uma ficha, insere-a no lugar indicado e vê, maravilhado, que a máquina lhe dá uma latinha de guaraná. Então compra mais duas fichas, coloca-as e caem duas latinhas. Coloca dez fichas e caem dez latinhas. Quando ele pede mais 50 fichas ao caixa, este reclama:

— Assim não dá, o senhor vai acabar com todas as fichas e com o guaraná!

— Não adianta reclamar! — contesta o cliente. Vou continuar, porque enquanto estiver ganhando eu não paro.

Hora das delícias...

Comer guaraná? Isso mesmo. Além de usarmos o pó do guaraná em bebidas energéticas, a bebida feita de guaraná é usada em bolos, pastéis e vários tipos de sobremesa. Experimente esta:

Gelatina de frutas e guaraná

INGREDIENTES:

2 envelopes de gelatina em pó sem sabor
1 xícara de chá de suco de laranja
2 xícaras de guaraná (o refrigerante)
2 maçãs sem casca cortadas em cubos
2 fatias de melão em cubos
2 xícaras de chá rasas de morangos picados

PREPARO:

Dissolva a gelatina em meia xícara de chá em água fria e leve ao fogo em banho-maria para derreter. Junte o suco de laranja e o guaraná e reserve. Coloque as frutas intercaladas em uma forma de pudim molhada. Despeje a gelatina reservada por cima.

Leve para gelar por cerca de 4 horas. Desenforme e sirva.

Dica: antes de servir, enfeite com folhinhas de hortelã frescas.

O nome científico do guaraná, *Paullinia cupana*, originou-se da homenagem ao sábio Christian Franz Paullini, o botânico que classificou a planta. Paullini era alemão e viveu no século XVIII.

Almanaque pé de planta

E CHEGAMOS AO FIM...

Caro leitor,

O Brasil é o país que tem a maior biodiversidade vegetal do planeta. Isto quer dizer que nossa variedade de árvores, plantas, vegetais em geral, é a maior do mundo. Só de árvores e arbustos, contam-se mais de 50 mil espécies. E ainda muitas espécies nem foram descobertas! Para você ter uma ideia, uma única expedição de 20 dias pelo nosso Pantanal (coordenada pela ONG *Conservation International*) identificou 400 plantas até então desconhecidas pela Ciência!

Falar de tantas plantas seria impossível... Assim, decidimos escolher, para este almanaque, as plantas mais conhecidas pelos brasileiros de todas as regiões. Podemos dizer que são plantas bem brasileiras, embora nem todas, como vimos, sejam nativas de nossa terra. Mas todas, aqui chegando, adaptaram-se tão bem, que a gente nem lembra que são "estrangeiras". Mais ou menos como acontece com nossos irmãos estrangeiros que vêm morar aqui, pois o Brasil é mesmo um país de coração aberto. E de terra boa!

Outras plantas também têm suas histórias para contar. Você sabia que nosso conhecido coco-da-baía na verdade pode ter vindo da Ásia ou da Oceania? E que na Nova Zelândia foram encontrados fósseis de coqueiros com 15 milhões de anos? Coco Verde foi o nome secreto usado por um jovem que se apaixonou por uma bela moça, mas com ela não podia se casar... Bem, mas essa é uma outra história, que vai ficar para um próximo almanaque!

Para saber mais

BOFF, Leonardo. *O casamento entre o céu e a terra:* contos dos povos indígenas do Brasil. São Paulo: Editora Salamandra, 2001.

CHU, Teddy. *Do campo à mesa:* o caminho dos alimentos. 2. ed. São Paulo: Editora Moderna, 2012.

GANCHO, Cândida Vilares; TOLEDO, Vera Vilhena de. *O Brasil põe a mesa:* nossa tradição alimentar. São Paulo: Editora Moderna, 2009.

GANCHO, Cândida Vilares; TOLEDO, Vera Vilhena de. *Verdes canaviais.* São Paulo: Editora Moderna, 2003.

OBEID, César. *Rimas saborosas.* São Paulo: Editora Moderna, 2009.

RICON, Luiz Eduardo; RICON, Maya Reyes; BRANCO, Samuel Murgel Branco. *Uma aventura no campo.* São Paulo: Editora Moderna, 2010.

RODRIGUES, Rosicler Martins. *O solo e a vida.* São Paulo: Editora Moderna, 2005.

Sites

Embrapa Trigo. Disponível em: <http://www.cnpt.embrapa.br>. Acesso em: 7 out. 2012.

Fundação Joaquim Nabuco. Disponível em: <http://basilio.fundaj.gov.br/pesquisaescolar/index.php>. Acesso em: 7 out. 2012.

Portal TodaFruta. Disponível em: <http://www.todafruta.com.br>. Acesso em: 7 out. 2012.

Rosane Pamplona é professora de Língua Portuguesa e escritora. Seus livros já foram indicados para representar o Brasil na Feira Internacional de Bolonha e ganharam selos de recomendação da FNLIJ. Pela Moderna, publicou a coleção *Panela do mingau*, *Histórias de dar água na boca* e *Contos de outrora para jovens de agora*. Escrever um almanaque era seu sonho:

"Sempre gostei de histórias e de aprender sobre tudo. E onde era possível encontrar histórias e informações? Nos almanaques. Quando era pequena, esperava com ansiedade que meu pai chegasse com um deles, como o do Biotônico Fontoura. E era toda vez uma surpresa: uma anedota, uma história, uma listinha de qualquer assunto, tudo para mim eram gotas de sabedoria. Cresci, e a vontade de ler almanaques não diminuiu; foi acrescida da vontade de escrever almanaques. Escolhi falar das plantas porque olho para elas sempre como quem quer saber o que elas têm para contar. E elas me contam tantas coisas... que gostaria de partilhar algumas delas com vocês."